ALPHABET - SYLLABAIRE

OU

PREMIÈRES LEÇONS DE LECTURE

D'APRÈS UNE MÉTHODE SIMPLE, GRADUELLE, FACILE, A LA PORTÉE DES ENFANTS,

PAR **L. P.**

Délégué pour l'instruction primaire, dans le canton sud de Toul (Meurthe).

NANCY,

A la librairie de THOMAS.

1851.

En vente, chez les mêmes libraires,

PAR LE MÊME AUTEUR :

Tableaux élémentaires de lecture

OU

PREMIÈRES LEÇONS DE LECTURE,

AVEC DES EXERCICES SIMPLES, GRADUELS, FACILES

A LA PORTÉE DES ENFANTS.

Prix : les huit feuilles. . . . 1 f.
    Cartonnés en quatre tableaux. 2 40 c.
    — en huit — 3 80

ALPHABET-SYLLABAIRE.

PREMIÈRE LEÇON. — *Alphabet usuel.*

a b c d e*

f g h i j k

l m n o p

q r s t u

v x y z

* Faire prononcer *eu*.

EXERCICES.

1. a c e b d i j f

m n u p q v y, etc.

2. Faire montrer aux enfants les lettres *b f g o r s t*, etc

2ᵉ LEÇON. — *Alphabet majuscule.*

A B C D E F
G H I J K L M
N O P Q R S
T U V X Y Z

EXERCICES.

3. A V B R C
G E F U M N
O Q L J Z.

4. A a b B d D
e E g G i I f F
h H m M r R.

5. C o P N i F I
K l L y Y A v V
z T s q O n.

3ᵉ LEÇON. — *Syllabes faciles.*

Ba be bi bo bu
Pa pe pi po pu
Da de di do du
Ta te ti to tu
Va ve vi vo vu
Fa fe fi fo fu
Sa se si so su
Za ze zi zo zu
Ma me mi mo mu
Na ne ni no nu

La le li lo lu
Ra re ri ro ru

EXERCICES.

6. Ba pe fe di do tu ta va ve fi fa mu mo ni sa re.

7. Ba pa da ta ma na ra be pe le ve fe se ze bi pi, etc.

VARIÉTÉ.

1 2 3 4 5 6 7 8 9
10 11 12 13 14 15 16

4ᵉ LEÇON. — *Voyelles et accents.*

A â à e é* è ê
i î o ô u û y
Bâ pâ tâ râ bê fê
tê mê bé dé vé né
lé pè rè zè pô dô
vô fû mû pî tî sy.

EXERCICES.

8. Ba bâ bê bé po pô du dû
ma mâ me mê ro rô fu fû
na ne né pî si sy vô vé.

9. Pâ pa pé pe pè dî di
tâ tê te té fê fe fè zô zo
ly li lî mû mu rê re ré rè.

* Faire prononcer *â é*, etc. sans épeler l'accent.

5ᵉ LEÇON. — *Formation des mots.*

A-mi	Pa-pa
Pè-re	Mè-re
Fê-te	Tê-te
Di-re	Ri-re
Mi-di	Dî-né
Fi-ni	Ve-nu
Pu-ni	Lu-ne
E-tu-de	U-ti-le

EXERCICES.

10. A-me. Pu-re. Fi-le.

Du-re. Da-me. Ra-ve.
Fu-me. Li-me. Ro-be.
La-me. Ra-re. Pi-pe.

11. Pâ-té. Bâ-ti. Bé-ni.
Do-ré. Pa-vé. Rô-ti.
Ti-ré. La-vé. Sa-lé.
Bê-te. Fê-ve. Zé-ro.

12. A-do-re. Pa-ro-le. Fa-ri-ne. E-pi-ne. Pa-na-de. Ma-la-de. Pe-ti-te. Mi-nu-te. Ti-mi-de. Na-vi-re. Vé-ri-té.

6ᵉ LEÇON. — *Syllabes analogiques ou irrégulières.*

Ha he hé hi ho hu cha chè cho chu ja je jé jo ju ge gê gi ga go gu gua gue guê gui qua que qui ka ke ky ca co cu ce cé cê ci xa xe xi xo.

EXERCICES.

13. Ha hi hu che ché

ja ga ge gê ce cé
ci co ky xe xé gui
qui qua ho go jo.

14. Sa-ge, ha-che, chu-te, po-che, ju-ge, ju-pe, gui-de, va-che, vi-ce, je-té, ge-lé.

15. Guê-pe, ca-fé, ci-re, ca-ve, cu-ve, pi-qué, bê-che, pê-che, pé-ché fa-ce, cô-te, cô-té, ce-ci.

16. Fi-gu-re, po-ta-ge,

co-li-que, pi-qu-re, ba-ga-ge, i-ma-ge, ca-li-ce cha-ri-té, ma-xi-me.

7ᵉ LEÇON. — *Apostrophe et cédille.*

D'a d'é d'i d'o d'u
g'a j'é j'i j'o j'u
l'a l'é l'i l'o l'u
m'a m'é m'i n'o n'u
t'a t'é t'i t'o t'u
s'a s'é s'i s'o s'u
ça co cu-ça ço-çu.

EXERCICES.

17. D'é d'u j'é j'o l'a l'i

l'u m'a m'i n'u t'a t'o
de d'é ja j'a lé l'é n'o
m'o mo ti t'i s'u ca ça
ço co çu.

18. D'u-ne, l'â-me, l'a-mi, l'é-co-le, l'é-tu-de, l'i-ma-ge l'o-ra-ge, j'é-vi-te, j'a-do-re, fa-ça-de, re-çu, le-çon.

8ᵉ LEÇON. —*Liaison des mots.*

La fê-te	De pa-pa
Le pè-re	Ma mè-re
A mi-di	Du dî-né
Ce cô-té	Sa ro-be

EXERCICES.

19. La lu-ne. Le pé-ché. A la fi-gu-re. La co-li-que. Du ma-la-de. A la ca-ve. U-ne ca-ba-ne. Du pâ-té.

20. La fê-te de pa-pa. Le dî-né de mi-di. La fa-ri-ne de la pâ-te. Le rê-ve du ma-la-de. La ro-be de ma mè-re.

21. Di-re la vé-ri-té. La li-me du-re. Le pè-re ché-ri. La ca-ba-ne so-li-de. Le ju-ge sé-vè-re. La cha-ri-té pu-re.

22. U-ne chu-te lé-gè-re. Le gui-de u-ti-le. La po-che vi-de. Le po-ta-ge sa-lé. U-ne pi-qû-re de guê-pe.
23. Re-né di-ra sa le-çon. É-mi-le se la-ve-ra la fi-gu-re. Le sa-ge é-vi-te-ra le vi-ce de la co-lè-re.

9ᵉ LEÇON. — *Sons simples après deux consonnes.*

Bla ble bli blo blu
Pla plé pli plo plu
Gla gle gli glo glu

Cla clé cli clo clu
Fla fle fli flo flu
Bra bre bri bro bru
Pra pré pri prô pru
Dra dre dri dro dru
Tra trê tri tro tru
Gra grè gri gro gru
Cra cré cri cro cru
Vra vré vri vro vru
Fra fre frî fro fru

EXERCICES.

24. Ble blé cla cli flo

flu flû gle plo plu bra brê cri cre trò pré bla, etc.

25. Du blé, ta-ble, sa-ble, pla-ce, gla-ce, flû-te, gla-né de la glu, clo-che, flè-che, plu-me, gri-ve, cri-ble.

26. Bi-ble, grâ-ce, prê-che, li-vre, pro-pre, frè-re, pru-ne, crê-me, brû-lé, fri-re, le cri, cro-qué, prê-té.

27. O-bli-gé, mi-ra-cle, pro-di-ge, fra-gi-le, fro-ma-ge, cra-va-te, pro-me-né, gri-ma-ce, fri-tu-re, a-gré-a-ble.

28. Le li-vre prê-té; u-ne

plu-me de gri-ve. La pro-pre-té se-ra a-gré-a-ble. Le pé-ché pri-ve de la grâ-ce.

10ᵉ LEÇON. — *Sons simples devant une consonne.*

Al   el   il   ul   ad
Ar   er   ir   or   ur
Ab   ob   ac   oc   ex

EXERCICES

29. Ar-bre, el-le, or-dre, ar-me, ur-ne, or-gue, or-ge, ar-che, or-né, oc-to-bre, ac-ti-vi-té, oc-cu-pé.

30. Or-du-re, er-mi-ta-ge, ad-ju-gé, ad-mi-ra-ble, al-té-ré, ir-ré-flé-chi, ir-ré-pro-cha-ble.

31. L'ar-che de No-é. Pa-pa sè-me-ra de l'or-ge ; il a é-té oc-cu-pé ; il a ar-ra-ché l'or-du-re. L'or-dre se-ra ad-mi-ré.

11ᵉ LEÇON : *Voyelle entre deux consonnes.*

Bal bel pal pel del
Dal tal tel til tul
Val vil vol fil fol

Mal mel nal nel nul
Ral rel sal sel sol
Bar ber bir bor jar
Par per pir por pur
Mar mer mir mor
Sar ser sor sur mur
Dar der dir dor dur
Tar ter tor tir nir
Far fer fir for ver.

EXERCICES.

32. Tel, sel, val, fil, vol, fol, mal, nul, sol, par pur, mer, sur, mur, tir, fer, ver.

33. Bar-que, sel-le, per-du, por-te, fer-mé, du fer, du fil, du sel; le mal; une lar-me, for-ce, la ver-tu.
34. Du [...]bre; ser-vir, sor-tir, de ter-re, che-val, mor-dre, par-tir, dor-mir.
35. L'ar-bre ver-di-ra. Une bel-le bor-du-re. L'a-ni-mal a ser-vi. Se te-nir sur le mur. La for-ce de la ver-tu.

12° LEÇON. — *Mêmes syllabes.*

Cal cel col gal gel
Car cer cir cor gor

Gar ger guir char
Bac bec sac soc soc
Vec vic vif chef.

EXER

56. Bo-cal, ré-gal, car-pe, a-vec, car-te, cor-de, cer-cle gor-ge, cir-que, gar-dé, ger-be, char-gé, le bec, ac-tif, le chef, cal-cul.

57. Le chef ac-tif; u-ne ger-be de blé sec; le char se-ra ser-ré a-vec u-ne cor-de; la car-pe du bo-cal;

Vic-tor a mal à la gor-ge ;
il se gar-de-ra de sor-tir.

13ᵉ LEÇON. — *Sons mixtes* * *après une consonne.*

Fai mai nai rai sei
Gau jau pau rau sau
Jeu feu leu peu neu
Dou cou fou pou sou
Ban man cam cham
Cen gen fen mem tem
Fin lin pin tin vin

* Ainsi appelés, en ce qu'ils sont simples dans la prononciation, et composés dans la forme, qui est de plusieurs lettres.

Ron don mon non son Nom cun lun fum.

EXERCICES.

38. Le feu, le jeu, le cou, le sou, le fou; du lin, du vin; mon nom; cha-cun, de l'a-lun, du par-fum; du jam-bon, man-ge-ra.

39. Fai-re; je fe-rai; j'au-rai lu; le maî-tre; con-naî-tre; fau-te, sau-vé, sau-té, gau-che, gau-le, pau-vre, jau-ne.

40. La fou-le, la pou-le, la sou-pe; sou-pir, mou-rir,

mou-ton, une mou-che, à la bou-che, le bou-chon, u-ne bou-le, u-ne bou-cle, un bou-ton, la bou-ti-que.

41. U-ne cou-ron-ne, la cou-tu-re, le cou-cou, de la pou-dre, cou-ché, cou-pé, cou-rir, tom-bé, ma-çon, chan-son, pin-son, se-rin.

42. La cou-leu-vre, de la nei-ge, du sei-gle, u-ne pe-ti-te mou-che; par cen-tai-ne; à la san-té; la bon-té mê-me; u-ne sain-te.

43. Le cou-cou a chan-té.

Ma-man fe-ra la sou-pe.
Le maî-tre a don-né du
bon-bon. Mar-tin sau-ra sa
le-çon ce ma-tin. Ri-che
ou pau-vre, il fau-dra
mou-rir.

14ᵉ LEÇON. — *Sons mixtes avec ou sans consonne.*

Ai ei au eu ou an
Am en em in im ou
Om un um et ez.

EXERCICES

34. Ai-gle, ai-le, ai-mé, ai-dé, au-tre, un au-tel, un

an-ge, an-cre, ou-bli, ou-til, en-tré, en-flé, un en-can, de l'en-cre, en en-fer.

45. On-ze, l'on-gle; chez mon on-cle; l'om-bre, an-ti-que, ai-ma-ble, Eu-ro-pe, in-sen-sé, em-pi-re, en-dor-mi.

46. Au-mô-ne, au-ro-re, ou-vra-ge, ou-ver-ture, ou-ra-gan, im-por-tun, en-ten-dre, en-chaî-né, en-vi-ronné, im-pru-den-ce et in-so-len-ce, par-don-ne-moi.

47. J'ai vu un au-tel an-ti-que. Au-gus-te ai-me son

bon an-ge. On sau-ve-ra
son â-me par l'au-mô-ne.
Le ma-tin, on se lè-ve, et
on se met vi-te à l'ou-vra-ge.

15ᵉ LEÇON. — *Sons composés après une consonne.*

Foi loi moi roi toi
Foin loin soin coin
Foui joui moy noy
Fui lui nui pui tui
Dia fia pié tié pio
Ciel miel cier fier
Bien lien mien rien

Dieu lieu pieu sieu

EXERCICES.

48. La foi, la loi, chez moi, du foin, un coin, au loin, le soin, lui-même, le ciel, du miel, le bien, le lieu, le bon Dieu.

49. Le mien, un rien, un lien, u-ne poi-re, la foi-re, de la toi-le, la Loi-re, u-ne poin-te, la moi-tié, en-foui, ré-joui, noy-é, en fui-te, en-nui, ap-pui.

50. Cui-vre, u-ne tui-le, fia-cre, le dia-cre, un pié-

ton, la pi-tié, un siè-cle, le siè-ge, u-ne pio-che, u-ne fio-le, la fier-té, un cier-ge, la Sain-te-Vier-ge.

51. Un bon moy-en, l'au-ro-re a lui; Ma-man m'a don-né du miel; bon-ne Vier-ge, ay-ez pi-tié de moi; Dieu aime la ver-tu de foi.

16ᵉ LEÇON. — *Sons divers après deux consonnes.*

Blai clai flai plai
blan clan flan plan
blau plau frau ploi

brai crai trai vrai
broi croi droi troi
breu creu preu treu
brin crin prin trin
brui drui frui trui
brou crou trou prou
bron fron gron brun

EXERCICES.

52. Le vrai, la droi-te, un brin, du crin, un trou, un clou, u-ne plan-che, u-ne bran-che, une preu-ve.

53. Trai-re, brai-re, broû-té,

croû-te, trou-vé, blan-chi, flan-qué, blau-de, Clau-de, frau-de, froi-du-re, em-ploi, oc-troi, prin-ce.

54. De la trui-te; a-vec ef-froi; le che-min fray-é; en Fran-ce; dé-li-vran-ce; ap-pren-dre; du cha-grin; l'é-lè-ve gron-dé; le maî-tre trom-pé.

55. Le che-val a bron-ché. Clau-de a dé-chi-ré sa blau-de. Pa-pa a plan-té un clou; il a blan-chi la plan-che. Dieu or-don-ne de

croi-re à sa pa-ro-le.

17ᵉ LEÇON. — *Sons divers entre deux consonnes.*

Four jour pour tour noir soir voir loir leur peur teur veur pair jouir fouir fuir

EXERCICES.

56. Un four, un jour, la cour, une tour, le soir, un loir, la peur, s'en-fuir, im-pair, a-voir, va-leur, cré-a-teur, sau-veur.

57. Au-tour, jour-nal, la-bour, sé-jour, re-tour, a-mour, re-voir, va-loir, chan-teur, fa-veur, trom-peur, mo-ni-teur, doc-teur.
58. Le soir je fe rai un tour de pro me na de pour jouir du clair de lu ne bien en-chan teur. No tre sau veur me fe ra la fa veur de ve-nir un jour me voir et de ré jouir mon â me.

18ᵉ LEÇON. — *Consonnes mouillées.*

Gna gue gni gno

gneu gnon illa* ille
illé illi illan ilion
illan illou ail eil euil

EXERCICES.

59. Vi-gne, si-gne, pei-gne, o-gnon, bai-gné, fouil-lé, bouil-lon, ro-gnon, sai-gné, so-leil, pa-reil, ré-veil, tra-vail, a-beil-le, bou-teil-le, or-gueil.

60. Le deuil, du cer-feuil, cueil-li, de la pail-le, la mu-rail-le, une ba-tail-le,

* Prononcez *lia lié lii*, etc.

brouil-lon, Guil-lau-me, fil-le, fa-mil-le, fau-cil-le.

61. Le so-leil bril-le. Re-gar-dez ce por-trait ma-gni-fi-que. Pa-pa a tra-vail-lé à la vi-gne. Voi-là u ne pe-ti te fil-le bien i-gno-ran-te; el-le fe ra la hon-te de sa fa-mil-le.

62. Ma-man fe ra un bouil-lon au cer-feuil et à l'o-gnon. Guil lau me a été mouil-lé. L'or-gueil souil-le no-tre âme; il se ra pu-ni, le Sei gneur l'a pro cla-mé.

19ᵉ LEÇON. — *Voyelles nulles.*

bain pain main grain
rein sein tein frein
baie paie raie craie
beau peau seau neau
Joue roue boue noue
due nue rue mue vue
oie soie noie joie
lie pie vie mie suie
eoir fée crée mée

EXERCICES.

63. Un bain, du pain, la

main, du grain, le frein, une raie, de la craie, un beau li-vre, tein dre, crain-dre, en vain.

64. Une peau de veau, un four-neau, une roue, de la boue, la rue, la vue, une oie, de la soie, une pie; la mie d'un mor-ceau de pain.

65. Je prie, je prie-rai. J'é tu die; ma le çon se ra bien sue; j'au rai de la joie. La vie de l'im pie se ra rem plie de crain te.

66. **La sain-te Vier-ge Marie,** plei-ne de grâ-ce. La ver-tu se ra ché-rie, ad-mi-rée. Don-nez au pau-vre un mor-ceau de pain, vo tre cha-ri-té se ra bé-nie et ré-com-pen-sée.

20ᵉ LEÇON. — *Consonnes nulles.*

Banc blanc plomb franc gland grand mort lard sang long rang bourg rhé rhu l'hu l'ho fils drap

coup champ lors
vous jours est vos
traits dans saint vert
chant dent prix voix
doux faut maux.

EXERCICES.

67. Du ta-bac, l'es-to-mac, un jonc, au fond, un rond, un pont, le bord, d'un saut, un ha-reng, du sang, le froid, le chaud, bien tard.

68. Du drap, un loup, beau-coup, au ga-lop, par trop, l'é-tang, le ca-nard, tout

court, il est sourd, pe-tit, ba-ril, gen-til.

69. Alors, tu vois, le re-mords un poids, tu sais, il ve-nait, je re-çois, je pars, tu sors, il sert, il croit.

70. Le sa-lut, le dé-but; il n'est plus; le sol-dat, le com-bat; le dépôt, le dé-bit, le sort, la mort, au port.

71. Ai-mer, chan-ter, frap-per, le ber-ger, le bou-cher; l'en-fant, char-mant, par-lant, pri-ant; le prin-temps, aux champs, dix ans.

72. Un prix, le cru-ci-fix, une croix, la voix, je veux, la paix, à ja-mais, sou-haits, doux, heureux, tous ceux.

73. Res-pect, as-pect; l'hom-me, hon-neur, ha-bi-le, de l'hui-le, le rhu-me, du thé, de l'her-be, ra-meaux verts, ga-teaux, tra-vaux, por-tails, pa-reils.

74. Af-freux, af-fli-gé, at-ta-ché, sup-pli-ce, of-fran-de, bot-te, hot-te, se bat-tre, é-tof-fe, un en-fant af-fa-ble.

75. Res-pect aux vieillards !

Les beaux jours sont courts.
Cent fois heu - reux, tous
ceux qui font l'au-mô-ne de
leurs biens! Don-nons des
vê - te - ments à ceux qui
sont nus.

21ᵉ LEÇON. — *Syllabes variables.*

As *	bas	pas	cas	vas
Des	les	mes	ses	tes
Bis	dis	lis	pas	jus
Ment	nent	dent	vent.	

EXERCICES.

76. Re-pas; pas-teur; vas-te; ca-ne-vas; cas-sé; cas-que; des

* Ne faites sonner aucune consonne dans la leçon.

des-po-tes; les en-fants les-tes; mes pro-mes-ses; tes res-tes.
77. Les ta-bles; je suis bles-sé; ils sont sa-ges; ils sont res-sem-blants; ces vi-ces; as-sas-sin; re-pos; pos-te; du pain bis; dis-pu-te; é-tour-dis; du jus; tout jus-te; rem-plis.

78. Gai-ment; ils ai-ment; le vent; ils é-cri-vent; une dent; ils ré-pon-dent; con-tent; ils ra-con-tent. On hait ceux qui men-tent.

22ᵉ LEÇON. — *Lettres changeant de valeur.*

Trêma, élition.

Ti-a,* ti-ai, ti-en, ti-on,

Prononcez sia, siai, etc.

O-se, po-sé, ro-se, li-sez,
Pha, phi, phe, phra phré,
Ha-ï, Sa-ül, vœu, gea, geons.

EXERCICES.

79. Na-ti-on, ac-ti-on, pa-ti-en-ce, il bal-bu-tia, j'o-se, les cho-ses, nous di-sons, vous re-po-sez, les oi-seaux, Jé-sus, Moïse, Isaï.

80. Pha-re, u-ne phra-se, phi-lo-so-phie, blas-phè-me, il man-gea, du bœuf, un œuf, à l'œu-vre. Saül haïssait David. La pa-ti-en-ce et l'hu-mi-li-té sont sœurs. J'ai for-mé des vœux dans mon cœur.

25ᵉ LEÇON. — *Syllabes difficiles ou exceptionnelles.*

Psa, sca, sci, sté, spa,

**Spec, struc, sque, sbi, sceau
Écho, phry, chro, christ.**

EXERCICES.

81. Stè-re, spa-cieux, sci-u-re, struc-tu-re, sque-let-te, spec-tre, psau-tier, phry-gien, chré-tien, spi-ri-tu-el, stric-te-ment, cho-lé-ra

82. Pa-pa scia un stè-re de bois. Voi-là u-ne mai-son spa-cieu-se en cons-truc-tion. L'é-cho des mon-ta-gnes. Les psau-mes de Da-vid. No-tre Sei-gneur Jé-sus. Le Christ na-quit à Bé-thlé-em.

VARIÉTÉ. — Alphabet italique.

*a b c d e f g h i j k l m
n o p q r s t u v x y z*

24ᵉ LEÇON. — *Récapitulation générale.*

**Ba ab bla bal bou blou
Brou bour bon bond bord
Foi voir voix vous veut
Cha chat chant champs
Dieu cieux miel mien
Au eaux mie pain pin
L'hu thé phé psy cœur.**

EXERCICES.

83. Dieu est grand, Dieu est bon; il est en tous lieux; il a fait tout ce qui est; il veut le bien de tous; il veut qu'on soit bon et doux, c'est par là qu'on lui plaît : je le prie de bon cœur tous les jours, et

je sens qu'il me fait du bien.

84. Un petit enfant qui veut être bien sage et obtenir des récompenses de ses parents et de ses maîtres doit se lever dès le matin quand on l'appelle, et faire aussitôt le signe de la croix ; il doit saluer son bon ange qui est son meilleur ami, s'habiller promptement, et aller à l'école.

85. *Un seul enfant qui craint Dieu vaut mieux que mille qui sont méchants. Les yeux du Seigneur veillent sur ceux qui le craignent.*

Pa res seux, ap pre nez de la four mi com ment il faut tra vailler.

En fants, si vous vou lez ê tre sa ges, é cou tez les bons con seils et les bon nes ins truc tions. Respec tez vos pa rents et vos maîtres.

25ᵉ et dernière Leçon. — *Lecture courante.*
PRIÈRES.
L'ORAISON DOMINICALE.

Notre Père qui êtes dans les cieux, que votre nom soit sanctifié : que votre règne arrive; que votre volonté soit faite en la terre comme au ciel : donnez-nous aujourd'hui notre pain quotidien : et pardonnez-nous nos offenses comme nous pardonnons à ceux qui nous ont offensés, et ne nous laissez pas succomber à la tentation, mais délivrez-nous du mal. Ainsi soit-il.

LA SALUTATION ANGÉLIQUE.

Je vous salue, Marie, pleine de grâce, le Seigneur est avec vous ; vous êtes bénie entre toutes les femmes, et Jésus, le fruit de vos entrailles, est béni.

Sainte Marie, Mère de Dieu, priez pour nous, pauvres pécheurs, maintenant et à l'heure de notre mort. Ainsi soit-il.

Toul, imp. de BASTIEN.

Se vend :

A Nancy, chez MM. *Thomas*, libraire.
— *Grimblot* et v^e *Raybois*, libraires.
A Toul, chez Mme v^e *Bastien*, libraire.
— *Luxembourg*, libraire.
A Lunéville, Mme *Georges*, libraire.
A Verdun, *Bastien*, libraire.
A Metz, *Pallez* et *Rousseau*, libraires.
A Épinal, Mme v^e *Durand*, libraire.
A Gerbévillers, Mme *Piérot*, libraire.
A Mirecourt, M. *Humbert*, imprimeur-libraire.
A Pont-à-Mousson, *Huraux*, libraire.
A Neufchâteau, Mme v^e *De Mongeot*, imp.-libraire.

—

PROPRIÉTÉ.

—

www.ingramcontent.com/pod-product-compliance
Lightning Source LLC
LaVergne TN
LVHW021704080426
835510LV00011B/1573